国家智库报告 2015(24) National Think Tank
国际问题研究

周边安全：磨合与塑造
——中国周边安全形势评估报告（2014—2015）

张蕴岭 任晶晶 著

PERIPHERAL SECURITY: ACCOMMODATION AND CONSTRUCTION—THE EVALUATION REPORT ON THE SECURITY SITUATION IN SURROUNDING AREAS OF CHINA (2014-2015)

中国社会科学出版社

图书在版编目(CIP)数据

周边安全：磨合与塑造：中国周边安全形势评估报告：2014～2015/张蕴岭，任晶晶著. —北京：中国社会科学出版社，2015.11

（国家智库报告）

ISBN 978 - 7 - 5161 - 7038 - 0

Ⅰ.①周… Ⅱ.①张…②任… Ⅲ.①国家安全—研究—中国 Ⅳ.①D631

中国版本图书馆 CIP 数据核字（2015）第 268323 号

出 版 人	赵剑英
责任编辑	陈雅慧
责任校对	王　斐
责任印制	李寡寡

出　　版	中国社会科学出版社
社　　址	北京鼓楼西大街甲 158 号
邮　　编	100720
网　　址	http://www.csspw.cn
发 行 部	010 - 84083685
门 市 部	010 - 84029450
经　　销	新华书店及其他书店

印刷装订	北京君升印刷有限公司
版　　次	2015 年 11 月第 1 版
印　　次	2015 年 11 月第 1 次印刷

开　　本	787×1092　1/16
印　　张	3
插　　页	2
字　　数	30 千字
定　　价	15.00 元

凡购买中国社会科学出版社图书，如有质量问题请与本社营销中心联系调换
电话：010 - 84083683
版权所有　侵权必究

目 录

一 ·· （1）
　（一）大国战略威胁与遏制 ································ （2）
　（二）热点问题升温 ·· （5）
　（三）恐怖主义威胁 ·· （7）

二 ·· （9）
　（一）如何看待美国因素 ··································· （9）
　（二）如何看待日本因素 ································· （15）
　（三）如何看待朝鲜半岛因素 ··························· （18）
　（四）如何看待南海问题因素 ··························· （20）
　（五）如何看待印度因素 ································· （23）
　（六）如何看待"三股势力"因素 ······················ （25）

三 ·· （26）

（一）中美安全合作 …………………………（29）
（二）中俄安全合作 …………………………（31）
（三）中印安全合作 …………………………（33）
（四）参与和推动区域多边安全合作 …………（36）
四 ……………………………………………………（39）

当前，中国周边地区的安全形势与结构正在经历重要的历史性调整。整体来看，中国周边安全形势总体趋稳，但安全关系和安全结构依然复杂多变，突发性事件仍难避免，风险升级的可能性依然存在。值得注意的是，在安全形势的调整与发展中，出现了一些新变化、新特点和新趋势。其中，最重要的特点就是中国与周边国家的关系出现新的磨合与互动，中国塑造安全环境的主动性和能动性显著增强。

一

2014年，中国周边安全形势仍然延续了近年来大国博弈复杂、热点问题凸显和安全风险较高的特点。总体来看，中国周边安全的威胁主要来自大国战略遏制的综合影响,热点问题特别是争端升温带来的风险,以及分离势力和恐怖主义势力制造的暴恐活动等。

(一) 大国战略威胁与遏制

中国与多个大国为邻,在安全领域面临战略性遏制和战略性竞争的威胁与挑战。从安全环境的角度来分析,对于一个崛起中的大国来说,来自其他大国的战略性遏制、挤压、竞争等,是安全之大患。

当前,中国的战略性威胁主要来自美国。美国对中国的战略性部署主要体现在其重返亚洲的再平衡战略上。该战略的目标主要是应对中国力量的上升和由此带来的挑战,确保美国的主导地位和重大利益。美国再平衡战略的运作主要体现在三个层次上:一是加强自身军事部署,把主要海空力量逐步移向太平洋方向,主要是紧邻中国的西太平洋地区,以形成对中国的强大军事压力和遏制能力;二是加强同盟网络建设,主要是支持日本解禁集体自卫权,提升日本的军事能力,重点提升菲律宾和澳大利亚的危机应变水平,加强前沿军事介入能力;三是扩大参与,提升影响力,为同中国有领土争端的国家提供支持,扩大提防与遏制中国的联合阵线。从态势上看，一则，美国的战略运作对中国周边的安全空间形成了挤压。二则，助长了周边国家对中国崛起的安全担心，加剧了一些热点问题的升温。在中国周边地区，曾被许多国家视为最大安全威胁的美国，似乎摇身一变成为维护地区安全的"使者"，让"安全上靠美国"的论调有了市场。

在美国国内，舆论和媒体喜欢把中国描述为一个武断、贪婪的扩张主义者，支持政府采取遏制中国的政策，使得与中国展开战略对抗的声音不仅在媒体，而且在国会也频频出现。这无疑会增大中美发生战略性对抗的风险。

除美国外，来自近邻周边大国的战略性对抗和竞争也对中国的周边安全环境造成了直接的威胁。在周边大国中，对中国构成战略威胁的主要是日本。日本在战略上遏制中国的指向性很强。这其中固然有着力量对比反转的大背景（中国上升，日本下降），但日本不断提升军力、调整前沿军事部署、在日美同盟框架下获得更大军事运作空间（解禁集体自卫权）、围绕钓鱼岛争端同中国屡次发生军事对抗等行动，都给中国带来了直接的安全挑战与威胁。特别是，日本政治右倾化趋势加速发展，其国内政治的重要取向是应对来自中国的"威胁"，国内主导舆论也向这个方向倾斜，使得公众对中国的友好度大幅度下降，把崛起的中国作为最不友好的国家看待，从而为以中国为敌的极端右翼势力提供了舆论支持。这样的政治氛围和舆论环境存在着很大的危险性，容易把日本的对华政策推向极端。

印度是一个综合实力上升较快的大国，与中国有着战略竞争的情结，与中国抗衡和竞争是印度国家发展战略中的一个重要战略性设计。特别是，印度与中国还存在领土争端，有着挥之不去的战争失败记忆，加上中国与巴基斯坦保持特殊战略关系，印度的军力提升和军事部署有着很强的针对中国的因素。尤其是其战略核武器系统的提升，既有与中国进行军事竞争的因素，也有直接针对中国的考虑。同时，印、巴都是核国家，依然严重对抗，作为近邻，任何冲突特别是战争，都会对中国的安全环境造成直接威胁。此外，印度还积极拉近与美国的关系，加强与日本的军事合作，意图对中国进行战略牵制。不过，中印之间再次因领土争端发生战争的可能性极小，尽管作为实力上升较快的近邻国家，印度针对中国的战略性设计对中国的周边安全环境产生了不可轻视的负面影响,但两国寻求合作的空间存在。

(二) 热点问题升温

安全热点所带来的风险对中国周边安全形势影响很大。大的热点,同时也是高风险的领域,主要集中在"两海",即东海与南海。

在东海,中日围绕钓鱼岛问题的争端持续紧张。日本坚持"钓鱼岛无争端"的立场强化,并加强了"夺岛"军事演习力度和南部海上军事部署,提升了海上警备力量水平。因此,中日两国在钓鱼岛问题上存在"擦枪走火"的风险,而一旦危机事态发生,则有可能引发更大规模的危机。

不过,出于对发生冲突所造成灾难性后果的理性认知,中日两国政府都会尽可能把握住分寸,掌控住有可能导致局面失控的"边缘"界限。在APEC北京峰会中日领导人会面之前,两国就中日关系达成四点原则共识,承诺"继续发展战略互惠关系","重启政治、外交和安全对话,努力构建政治互信",使得两国在东海发生安全冲突的风险有所降低。但是,这并不能改变日本安倍政权右翼强国路线的方向,维持强硬立场是安倍获得国内右翼势力支持的一张牌,因此,日本与中国的战略对抗,围绕钓鱼岛主权及其相关问题所引发的冲突风险将会长期存在。

在南海,局势变得更为复杂。菲律宾向国际仲裁法院提交的"南海问题仲裁案";越南发生的对中国在越投资企业打砸抢,掀起国内反华浪潮,两国拉美、日、印介入南海争端等,都是企图把水搅浑,把问题炒热,对中国施压,以捆住中国在南海提升安全能力和有所作为的手脚。南海争端的对抗性增加,域外大国特别是美国的直接介入,加大了中国南部海域的安全困境,使南海领土安全、海上通道安全受到的威胁大幅提升。这迫使中国必须采取更为积极和有效的措施,捍卫国家安全,保护国家领土、领海主权。

针对菲、越以及美日等采取攻势,企图陷中国于疲于应付的被动地位的举措,中国不得不采取"守攻兼备"的策略。守,即守住中国—东盟稳定与合作的大局;攻,则以更大的力度提升能力建设(包括海空军事力量和重点岛屿开发利用能力建设),发布关于"南海仲裁"立场的文件,提出处理南海问题的"双轨思路"等。这样,可以使中国获取处理南海问题的战略制高点和争取到主动权。到 2014 年年底，南海的争端热度有所降温，中越关系回到对话与合作的大局轨道，中国与东盟深化合作的气氛回暖。回顾 2014 年南海局势的发展，可以说，有惊有险，但避免了局部破坏全局的最坏结果。

在东北亚，朝鲜半岛问题的风险引信并没有拔除，核心问题仍然是朝鲜核武化所导致的新矛盾以及由此引发的新威胁。六方会谈继续停滞，朝韩关系不时紧张，存在小火星引发大火灾的风险。

中韩关系有了新的发展，中朝关系处于观察期，中国稳定大局的责任和作用增大，但对朝鲜半岛安全环境的塑造力有诸多限制。不过，朝半岛问题涉及多种力量参与、博弈和运作，单独一方难以挑动大局，中国关于不允许在家门口生战、生乱的警告是一条红线，中国为此也有必要提升应对突发性危机的能力。对于朝鲜半岛问题，中国不能袖手旁观，不能任局势恶化，有必要积极主动寻找抓手和切入点，提升影响力和掌控力。

（三）恐怖主义威胁

2014 年以来，以"东突"势力为代表的境内外"三股势力"发起的暴恐行动呈现出不断升级的态势，成为对中国安全最直接的威胁。更重要的是，恐怖活动的频率在加快，破坏性有扩大和增强的趋势。例如，"东突"恐怖分子先后于2014年3月1日、4月30日和7月28日接连制造了"昆明火车站暴力袭击事件""乌鲁木齐南站爆炸事件"以及"新疆莎车县暴力恐怖袭击事件"，仅此三起暴恐事件就造成上百人死亡和受伤。在所有这些事件中，境内外恐怖势力相互勾结，恐怖主义"国际化"的趋势进一步凸显和加剧。中东极端宗教组织"伊斯兰国"（IS）异军突起后，对中国西部边疆的安全构成威胁，该组织首领阿布·巴格达迪甚至狂言在"五年内打到中国新疆"。

特别是，国内恐怖主义、分离主义势力利用多种渠道引入宗教极端思想，在信教群众中，特别是在青少年人群中大肆传播，利用网络进行串联，建立地下活动组织。恐怖分子流窜全国各地及周边地区制造事端，扩大影响，不仅危害公众安全，而且还造成社会恐慌和国际影响。

恐怖主义势力对中国的运输通道、能源输送管线等造成了直接的威胁。中国的油气管道跨境连接，传输距离长，安全保护力量薄弱，缺乏跨国合作保护机制，遭受恐怖破坏的风险始终存在。一旦大通道和大管道遭受恐怖分子的袭击和破坏，就会对中国的能源供给造成很大影响。因此，构建境内外一体化联动的交通运输通道和能源输送管道安全体系已迫在眉睫。

二

中国有着众多的周边邻国，中国同这些国家的利益相互交织，关系错综复杂。影响中国周边安全的因素很多，各种因素又因地缘、关系、利益和博弈的差别而各不相同。因此，分析中国周边安全形势的发展，特别是分析周边安全环境的挑战，需要多维度、多视角的宏观视野，需要客观、理性的辩证方法。

（一）如何看待美国因素

就对中国周边安全环境的整体影响而言，美国无疑扮演了最为重要的角色。美国的亚太再平衡战略针对性很强，主要是应对中国不断提升的综合实力和影响力；目的也很明确，就是要维护美国在亚洲的主导性地位。

美国的主要做法是加强军事部署，加快构建全方位的空域攻防体系，提升前沿驻军的武器装备水平，形成对中国的强大军事优势，以压缩中国战略拓展的空间。2014年，美国不断在东亚地区进行远距离预警雷达系统、"全球鹰"无人机等先进军事装备的部署，持续对中国进行抵近侦察。在2014年的"香格里拉对话会"上，美国国防部长哈格尔宣布，美军将把每年在亚太地区举行的演习增加到130次，将港口访问增加到700次，对该地区的对外军事资助将增加35%，对军事培训和教育的投入将增加40%。这表明，美国实施的再平衡战略正在稳步有序地推进。尽管美国所做的主要是防御性部署，但在必要时，这些"防御性"力量是可以很快被动员起来转变为进攻力量的。

进一步加强同盟建设是美国应对中国综合实力上升的重要手段。美日同盟被视为东亚地区安全的基石和支柱，修改防卫合作指针的主要意图是应对中国崛起，主要手段是支持日本修改集体自卫权条款，提升日本的军力水平，让其具备直接部署和参与军事行动的能力，使日本发挥更大的作用。为了拉拢日本，奥巴马2014年4月访日期间明确表示《美日安保条约》第五条适用于钓鱼岛，同时支持安倍政权解禁集体自卫权，这是美国在任总统首次做出此类明确表示。在奥巴马与安倍发表的联合声明中,美国不仅极力抬高美日同盟的地位,还将其描述为"地区和平与安全的基石",肯定安倍的所谓"积极和平主义"政策的"积极"意义。对韩国,美国继续把持韩军战时指挥权,积极动员韩国构建"萨德"导弹防御系统,并与美国的战区导弹防御系统相连接。同时,美国还大力推动签署美日韩三方情报共享协议,以加强美日韩三国联动的军事动员和运作能力。

加强在南海地区的军事存在也是美国实施再平衡战略的重点之一。2014年,美国重返菲律宾,双方签署了加强防务合作的新协议,美军得以重新进入菲律宾的海空军事基地。美国公开支持菲律宾向联合国国际法庭就南海问题状告中国,以此获取菲律宾政界和公众对其军事重返的支持。美国把澳大利亚作为南太平洋地区的军事前哨基地,在澳建立长久军事基地,增派驻澳部队。美国还与新加坡、泰国加强军事合作,推动与越南、印度尼西亚、马来西亚、印度等国的军事交流与合作,在这些国家的军事采购和人员培训等领域提升影响力。

不过,由于多种因素的制约,美国再平衡战略的实施未达到预期的效果。首先,美国拉拢除日本、菲律宾等个别盟友外的其他国家的企图并未实现。就韩国、澳大利亚等中等国家来说，它们并未在战略上彻底倒向美国，其对华态度和政策依然相对独立，特别是两国率先与中国成功签订双边自贸区协定（FTA）的做法进一步增进了对华关系。其次，就缅甸、朝鲜等中国的传统地区伙伴而言，美国"挖墙脚"的努力也并未成功。例如，2014年11月在缅甸举行的东亚峰会上，美缅之间就缅甸的民主化问题产生了明显分歧；而朝鲜近年来的不安全感进一步加剧，成为地区安全的不稳定因素之一。东盟大多数国家极力避免在中美之间"选边站"，随着中国影响力的上升，它们纷纷表示希望搭乘中国经济增长的快车，通过加入"亚投行"和"区域全面经济伙伴关系协定"（RCEP），以及参与海上丝绸之路建设等，加快互联互通进程，促进自身发展。这表明，尽管美国在亚太地区大幅度运作，也难以抵消中国的重要作用和影响力。

美国通过实施再平衡战略力图主导亚太地区多边合作机制。在经济领域，试图把TPP打造成主导性平台，在安全领域，力图让同盟机制作为主导地区安全的机制。然而，TPP进展并不如愿，同盟体系的作用难以被多数国家接受。亚信上海峰会提出了以合作安全为主导的新安全机制建设，APEC北京峰会就推动亚太自贸区建设达成基本共识，在2014年8月举行的东盟地区论坛外长会议上，美国关于"冻结南海行动"的倡议未得到积极响应，这些都表明，合作还是大趋势。

鉴于中美关系有着密切的利益联结和多层复杂的相互依赖关系，美国难以实质性地推行与中国全面对抗的战略。中国抓住两国关系的利益节点，从大战略出发，提出与美国构建不冲突、不对抗，相互尊重，合作共赢的新型大国关系，通过领导人互访、谈判双边投资协定、深化战略对话等举措，不仅稳住了中美关系非对抗的大局，而且在一定程度上缓和了紧张的战略对抗气氛，加上中东形势吃紧、美俄关系恶化等因素，美国全面运作其亚太再平衡战略的能力大打折扣。当然，美国再平衡战略的实施是基于长期战略利益考量的结果，不会轻易终止。从这个意义上说，美国对中国周边地区安全空间的战略挤压不会放松。

随着中国国际影响力的进一步提升，美国必然把对华关系放在突出位置。美国决策层越来越认识到，"中国因素"对其利益具有越来越重要的影响。在此背景下，尽管美国不愿意承认与中国构建新型大国关系，但必须与中国对话、协商，寻求合作之道。在中美新型大国关系的构建中，相互尊重是前提，合作共赢是目标，不冲突、不对抗是保证，坚持做伙伴，不做对手，通过对话与合作的方式，而非对抗与冲突的方式妥善处理矛盾和分歧。

当然，构建中美新型大国关系不要指望中美之间没有战略分歧。在"香格里拉对话会"上，美国国防部部长哈格尔则公开指责中国"破坏南海地区的稳定"，并警告称如果国际秩序受到威胁，华盛顿将不会无动于衷。美国国防部在其发布的2014年度《中国军事与安全态势发展报告》中，指责中国在领土主权和海洋权益争端方面更加"强硬"，炒作中国军队加强军事演习训练、发展先进武器装备可能对美国相关军事设施构成威胁等。美国还继续对中国设立"东海防空识别区"进行批评，并"警告"中国不要在南海设立防空识别区。在互联网安全问题上，美国更是无端对中国发难。2014年5月，美国司法部宣布以所谓"网络窃密"为由起诉5名中国军官。

中美安全关系中的关键问题依然是战略上的互不信

任。中国担心美国的战略围堵，美国担心中国在东亚排斥美国；中国担心美国会以非和平方式打断自身和平崛起的进程，美国担心中国崛起后会挑战美国的霸权地位。可以说，这种结构性矛盾是当前和未来相当长一段时期内中美关系和亚太地区安全形势所面临的最大和最根本挑战。

美国因素也有很强的政治含义。美国不会放松在价值观上的攻势，其公共机构和民间机构都会继续利用各种手段推进中国的政治发展，与国内外的异见势力、反华势力相勾结，利用互联网等新媒体工具，煽动和支持政治和社会的异动。美国针对中国的这种非传统战略运作也会对中国的国家安全造成严重影响，在一定情况下甚至有可能成为主要的安全威胁。

（二）如何看待日本因素

日本是影响中国周边安全环境的一个重要因素。日本在中国周边安全环境塑造中的负面作用表现在三个方面：一是把中国作为战略和现实对手，大幅度增加军费开支，提升对付中国的军事能力，通过修改集体自卫权条款，获取主动先发制人的权利；二是拉拢美国，鼓动美国支持日本修改和平宪法和集体自卫权条款，在钓鱼岛争端中明确站在日本一边，特别是日本右翼极力夸大所谓"中国威胁"，挑动美国对中国采取更强硬的战略举措；三是拉拢中国周边国家"近日疏华"，渲染"中国威胁"，构建所谓"制约中国的弧圈"。日本对中国的上述战略基于中日之间综合实力翻转的大背景，日本企图通过这些措施压制中国崛起，特别是阻碍中国影响力的扩大，并借此推动国内相关领域改革，扭转日本在中日战略竞争中的颓势。如今，尽管日本已经不具备主动犯华的实力，但日本对华采取的"组合拳"战略会增加中国维护国家安全的成本，特别是钓鱼岛争端，如果危机管控失败，引发军事冲突的风险极高。

钓鱼岛争端具有鲜明的战略含义。日本之所以要将钓鱼岛"国有化"，坚持钓鱼岛不存在主权争议的政治立场，就是惧怕中国打破所谓日本控制的现状，进而从战略上和实际行动上拒止中国采取行动。美国之所以支持日本，不是对日本领土主权要求的公开承认，而是担心中国会借此打破地区秩序现状，威胁美国在这一地区的主导地位。钓鱼岛问题涉及二战后美国在亚洲地区的战略布局，钓鱼岛的施政权是美国给日本的，是战后美国主导的亚太地区秩序的一个组成部分，所以美国强调的是其与日本一起维护秩序的责任。中国政府多次发表声明，不接受美国的此种安排，也不认可美国的这种责任。因此，从大局来讲，钓鱼岛问题反映的是东亚地区秩序重构的问题，涉及中日两国的实力对比，涉及战后旧金山体制的解体，涉及东亚地区地缘政治格局的变动，涉及中美战略博弈。日本对此也很清楚，因此极力压美国表明立场。日美在钓鱼岛问题上的联动，极大地增加了中国的安全风险。

在过去的 2014 年中，中国在设立"东海防空识别区"的基础上，推动钓鱼岛海域的公务船巡航更为常态化，而日本也加大了在钓鱼岛海域的巡航力度，不断增加"专属巡逻船"的数量。因此，中日两国在钓鱼岛始终存在"擦枪走火"的风险。

不过，美国并不希望钓鱼岛发生实际冲突，也不希望日本过于激化与邻国的关系而扰乱其亚太再平衡战略的部署。因此，日本的单方面行为将不可避免地面临来自美国的压力。由于受到一系列复杂和具体的国内国际因素的影响，在中日钓鱼岛争端长期存在的情况下，中日可能做出更多努力，维护大局稳定。日本在 APEC 北京峰会召开前夕与中国达成"四点原则共识",最终实现了APEC期间两国领导人的会晤,安倍要推行改革,激活经济,需要把与中国的关系保持在可控的范围内,中国也不希望与日本的关系长久恶化下去。从这个角度来分析,中日关系存在适度转暖的可能性。

(三) 如何看待朝鲜半岛因素

朝鲜半岛局势直接关系到中国的安全利益和安全形势。2014年,随着朝鲜在2013年进行第三次核试验以及随之而来的国际制裁,朝核问题重新陷入僵局,并出现了一些值得关注的新动向。首先,美国的对朝政策依然是施压和制裁并行,对朝实行"战略忍耐",也就是冷处理。毫无疑问,美国的这种政策选择进一步加剧了朝鲜的不安全感,迫使其很有可能再次冒险,由此加剧局势紧张状态。美国的对朝政策背后有着复杂的战略考量,为其实施亚太再平衡战略服务。一方面,朝鲜半岛局势的不稳定性为美国将军事重心转移到东亚,部署新的导弹防卫系统提供了充分的理由,并起到了进一步增加韩国和日本对其安全依赖的作用;另一方面,美国则可以利用朝核问题向中国施压,给中国出难题,离间中朝关系。美朝关系值得注意的一个变化是，美国除核问题外，利用人权问题向朝鲜施压，加大对朝鲜的国际压力，让其更为孤立失助。

朝鲜发展核武器对中国安全威胁极大，一是核武器本身，二是由朝核问题引发的复杂局势。因此，中国反对朝鲜拥核的政策必须坚决。然而，让朝鲜放弃核武器很难。一则，朝核问题与美国对朝政策相互关联。二则，拥核已成为朝鲜的既定国策，是维护和巩固政权的重要支柱。在此情况下，朝鲜半岛局势仍然会处于紧张的状态中。

从中国国家安全的角度看，首要的关注当然是保持半岛局势的基本稳定，并在此基础上为寻求综合解决方案创造条件，重启六方会谈。朝鲜在弃核问题上我行我素，不顾国际社会强烈反对而屡次进行核试验，中国必然要加大对朝压力，在严格执行联合国安理会对朝制裁的第2094号决议的同时，尽力阻止其进行新的核试验。朝鲜领导人更替所引发的国内政治变动、政策调整为朝鲜半岛局势的发展增添了新的变数。

在多种因素的作用下，朝鲜没有进行新的核试验，朝鲜与韩国关系在不时紧张的同时，仍然维持对话的态势，俄罗斯与朝鲜加大了交往的力度，美日韩保持协调，美国、中国继续派员沟通联络，这些还是有助于朝鲜半岛局势的基本稳定，但能否打开六方会谈停滞的僵局，还有难度。

（四）如何看待南海问题因素

南海问题涉及中国的重大安全利益：一是领土主权；二是海上安全；三是对外关系。涉及领土及其相关的海上利益是争端的直接领域，也是激化矛盾、引发冲突的直接导火索。南海是中国通向外部世界的主要海上通道，确保航道安全是中国周边安全保障的重要内容。南海争端涉及中国与东盟的整体关系，外部势力的介入大大增加了中国周边外交的成本。由此，南海问题成为中国应对周边安全挑战的一个关节点。

在经历了2013年的相对平静之后，南海局势在2014年被一些新的热点问题所打破。首先是越南强力干扰中国"海洋石油981"钻井平台在西沙中建岛附近钻探项目的实施。2014年5月2日，中国中海油田服务股份有限公司在西沙群岛海域启动作业后，越南派出了包括武装船只在内的几十艘船只，对中方船只进行冲撞和袭扰。越南国内爆发了大规模反华骚乱，导致人员伤亡和中国投资企业遭到严重破坏。菲律宾则在仁爱礁制造事端。2014年3月9日，两艘装载施工材料、悬挂菲律宾国旗的船只试图向仁爱礁靠近，其目的明显是要对菲方坐滩舰船改造升级，补给物资和人员。此后，菲律宾公布了其"南海防御计划"，准备加大军事投入，包括部署巡逻船和侦察机以加强海上巡逻能力等。与此同时，菲律宾和越南似乎正在结束几十年来的相互不信任，加紧了在南海问题上的相互勾连与配合，就将南海争端提交国际仲裁法院协调立场、相互支持，以谋求在该问题上更多的"合作"。早在2013年，菲、越双方就举行了海军会谈。2014年10月，越南向菲律宾展示了其最先进的隐身护卫舰。此外，两国还于2015年初举行第一次战略防务对话。美、日则公开指责中国采取挑战性行动，对菲、越立场表示公开支持，以此获得菲、越深化军事合作的邀约，为其加强其在南海地区的话语权和影响力提供支撑点。

南海问题并没有沿着对抗性增大和争端升温的曲线发展，在高温之后出现了降温的趋势。中国以完成预定任务为由撤走了钻井平台，越南采取有力措施制止了国内反华骚乱，中越举行高层会晤，重申了对话的重要性，承诺将采用和平手段解决争端。菲总统阿基诺三世在参加 APEC 北京峰会期间同中国领导人简短会晤时表示，菲律宾高度重视对华关系。这些有助于南海热局降温，但问题的内在矛盾还在，掀起新矛盾，发生新危情的风险仍然很高，在领土和海域上的争端会不时出现敏感点，外部大国，特别是美国还会抓住不放，不过，看来发生大规模冲突的可能性还是比较低的。

对于南海问题，中国一方面会采取更多措施，加强在南海的存在，掌握时机扩建海岛设施，提升掌控和干预的能力，捍卫自己的主权和海域权益，另一方面也力求把领土海域权利争端与发展综合关系分离开来，努力为紧张和对抗局势降温，创建处理险局的可操作空间。中国在提升掌控和威慑力的同时，也对经济、外交手段，与美国的关系给予更多重视，避免硬碰硬，引发直接的冲突，比如，中国设立了海上合作基金、倡导建设 21 世纪海上丝绸之路、推进互联互通等，都旨在于把各方的关注点吸引到共同发展利益上。

中美、中国与部分邻国围绕南海问题的战略博弈正在逐步走入"深水区"。在这场多方参与的地缘政治与安全博弈中，既有大国的战略性运筹，也有小国的战术性对冲。鉴于多重矛盾汇聚,缺乏总体协调机制,时而会发生险情,中国有必要做出更大的努力,争取主动,让局势朝积极的方向发展。

(五) 如何看待印度因素

印度是中国的周边大国,其综合实力提升,对中国周边安全的影响因素加重。印度因素对中国安全的影响主要体现在两个方面:一是领土争端;二是战略性竞争。关于领土争端,尽管两国就稳定边界局势达成了协议,但风险是,随着印度综合实力的上升,大幅度提升边界地区的军事能力,加之其国内民族主义情绪增强,领土问题成为"高政治筹码",一些挑衅性举动可能会得到国内政界、军界和社会舆论的支持,从而增加稳定局面破局的风险。2014年9月,印度和中国在双方边境线附近尚存争议地区发生了持续三周的"帐篷对峙"事件,一度成为两国甚至国际媒体关注的热点事件。关于战略性竞争,主要是印度与中国在诸多领域进行战略利益和影响力的竞争,其中最为敏感的是印度对中国在南亚地区扩大活动高度警惕和以此为背景所采取的对抗性举措。不过,总的来看,印度与中国在和平发展上的共同利益占据主导地位。尽管领土争端还是风险最大的领域，但中印围绕陆上边界而产生的分歧和摩擦在可控性方面更强，由此引发实际冲突的可能性也更小。在1962年中印边境自卫反击战之后的半个多世纪时间里，经过两国的共同努力，双方逐渐形成了以协商谈判解决分歧的默契和共识，从而使分歧管控具备了一定的"制度性保障"。中印边界争端并未如东海、南海问题那样有强大外部势力的介入，因而通过双边协商的外交方式加以解决所受的外部干扰较小。实际上，类似的"帐篷对峙"事件在过去已发生过多次，最终都以和平方式得到了妥善解决，这说明中印双方都具有恰当应对边界问题的诚意，并愿意为此付出努力。

作为两个正在崛起的大国，中印战略关系逐渐具备了区域和世界意义，两国领导人都认识到了管控分歧、发展合作的重要性。两国政府也都主张在承认双方存在边界分歧的基础上，合理关注和照顾对方的核心关切。在这样的大背景下，中印关系的主流无疑是合作而非对抗。2014年9月，中国国家主席习近平对印度进行了成功访问，2015年印度总理莫迪访华，两国领导人不仅再次确认要共同管控边界分歧，而且更重要的是，双方在经贸合作及战略互信上都迈上了一个新的台阶。中印关系有望进入一个新的发展阶段。

(六) 如何看待"三股势力"因素

当前,"三股势力"内外勾结、制造事端,是对中国国家安全最现实的挑战性因素。从外部看,近年来,一些老牌恐怖主义组织继续活动,新的极端主义组织陆续出现,由于互联网等新兴媒体的广泛运用,境外宗教极端主义思想向中国渗透越来越容易,极端宗教思想的蔓延也越来越难以控制。

特别值得关注的是,随着美国和北约从阿富汗撤军,维护阿国家安全的职责交由阿富汗政府承担,这将是阿富汗问题的重大转折。阿富汗形势是逐步稳定下来,还是会发生逆转,还需观察。不排除塔利班势力大幅扩张,从而导致阿国内局势恶化的可能,如果是这样,将使中国周边出现一个不稳定地带。会给"东突"势力提供新的活动空间和发展机会,使控制和打击"东突"势力变得更为困难,并会对中国在阿富汗的投资、企业、人员的安全造成直接威胁。

显然,恐怖主义的网络化、国际化趋势将给中国的西部边境地区带来巨大的安全隐患。一是网络化时代恐怖主义的应对问题，即以互联网为代表的新兴媒体的低门槛、大流量、广参与、无中心、跨国境、弱监管、难治理等特点所导致的有效反应滞后；二是区域外极端势力（如IS）与境内恐怖主义势力相互勾结而蕴含的潜在威胁问题。这一点在中国大力推行"一带一路"构想的背景下显得尤为重要。为此，要进一步提升上海合作组织防恐和反恐机制建设的水平，加强"一带一路"构想下的安全合作机制建设。

三

周边形势，特别是安全形势如何，对中国的总体国家安全影响极大。2013年10月，中央召开周边外交工作座谈会，把周边外交作为外交的优先方向，摆在外交全局中更加突出的位置上，把经略周边作为塑造全球外交战略新格局的重要内容。2014年11月，中央召开外事工作会议，进一步突出周边外交，强调了周边命运共同体建设的重要性。总体来看，尽管周边安全形势复杂多变，但由于采取了更加重视周边、更加有所作为的战略性举措，周边安全形势恶化的趋势得到了相当程度的扭转，向趋好方向发展的势头得到显著加强。

作为推进命运共同体建设的重大举措，中国提出"一带一路"大战略，积极推动成立亚洲基础设施投资银行，设立丝路基金，开启中国—东盟自贸区升级版谈判，推动中巴经济走廊、孟中印缅经济走廊建设等，旨在打造中国与周边国家之间的坚实利益链条，形成内在的共生机制，让周边国家真正搭上中国发展的列车，共享发展的红利，从而引导周边国家对中国认知的利益取向，加固和谐共处环境的基础，建立交往与合作的平台机制。

中国以"亲、诚、惠、容"理念为指导，通过更加积极、进取的外交，推动与周边国家关系的新发展。比如，提议签署《中国—东盟睦邻友好合作条约》，提出处理南海争端的"双轨思路"；与印度新政府就加强发展合作、深化两国战略合作伙伴关系达成共识；在新形势下大力推动中俄关系提升，在能源、科技等领域开展深度合作；积极推动上合组织新发展，在加强共同安全合作的同时，深化发展合作，签署国际道路运输便利化协定，推动成立上合组织银行，制定未来发展10年规划，推动其向综合区域合作组织的方向发展，以及从战略高度出发，推动中韩战略伙伴关系深化，等等。

中国对周边外交的重视程度空前提升，一方面是由于近年来中国周边安全面临一系列更为复杂、严峻的局面和挑战；另一方面则是由于随着综合实力提升，中国将周边安全战略纳入到总体安全的大战略之中。

中国积极参与了一系列周边安全合作，其中不乏主动进行"议程设置"的案例，这为中国推进周边安全合作开辟了新路径。总的来看，2014年中国的周边安全合作外交呈现出两个鲜明特点：

首先，中国在周边多边安全合作中更加积极有为，"议程设置者"的角色日益凸显。例如，借2014年举办亚信峰会这一重要主场外交活动之机，中国提出并积极倡导以共同、综合、合作、可持续为特征的亚洲安全观，强调安全的普遍性、平等性、包容性和综合性，推动基于共同安全与合作安全的亚洲安全对话与合作机制建设，得到了与会亚洲国家的积极响应。又如，中国以更加进取的态度构建周边安全合作论坛，把"香山论坛"改为一年一度，将其性质由二轨对话提升为一轨半对话，突出其安全对话的包容性。

其次，中国与周边主要大国美国、俄罗斯及印度的军事交流与安全合作。例如，中美双方就军事交流和对话，以及构建军事合作机制进行了一系列深入磋商，还就互联网安全、食品安全、打击海盗等非传统安全领域的合作达成了广泛共识。中俄在2014年不仅进行了卫星导航等传统安全领域的合作，而且还通过加深能源合作、签订网络安全合作协定、共同打击"三股势力"等方式强化了在非传统安全领域的协调与配合。中印成功举办了"手拉手—2014"陆军反恐联合训练，还决定在两军总部之间建立热线电话，以便及时沟通，加强交流。

总之，在过去的2014年中，中国在双边和多边、传统及非传统安全层面的周边安全合作中都扮演了积极和重要的角色。

（一）中美安全合作

自2012年中国正式提出构建中美新型大国关系的倡议以来，中美双方已经在"不冲突、不对抗"的基础上达成了许多合作共识。奥巴马总统明确表示，美中合作对两国和世界都有益，双方应避免出现对抗。2014年，中美在安全领域的合作有四个标志性事件：（1）中国人民解放军总参谋长房峰辉访美；（2）中国应美方邀请参加"环太平洋—2014"军事演习；（3）第六轮中美战略与经济对话（S&ED）将军事合作列为重点内容；（4）奥巴马访华期间与中方就安全合作达成一系列重要共识。这些都使得中美军事关系在中美两国关系发展中的积极面增加。

通过房峰辉访美，中美军事交流与合作有了新的进展，双方同意尽早就相互通报相关重大军事行动、公海海域海空军事安全行为准则开展实质性磋商，建立战略规划部门对话机制，继续推进陆军交流与对话机制建设，将中国解放军总参谋长和美军参联会主席直通电话升级为视频电话等。这些都具有一定的标志性意义。

应美国方面邀请，中国于2014年夏首次参加了"环太平洋—2014"联合军事演习。在此次演习中，中国海军"海口"号导弹驱逐舰、"岳阳"号导弹护卫舰、"千岛湖"号综合补给舰、"和平方舟"号医院船与美国、文莱、法国、墨西哥等国海军共13艘舰艇，共同组成175特混编队，在22天的时间内主要完成了海上封锁行动中十多个项目的联合演习。这次演习对中国深度参与国际安全合作具有重大意义。

中美战略与经济对话（S&ED）是中美对话与合作机制建设的最重要成果。在2014年举行的第六轮中美战略与经济对话中，双方提出促进中美军事交流机制建设，尽快建立两军重大军事行动相互通报机制和一系列海空相遇行为准则。毫无疑问，这对于双方减少战略互疑、避免战略误判具有重要的现实意义。

奥巴马访华期间，中美达成了多项安全合作共识，在包括朝鲜半岛去核化、伊朗核问题、降低温室气体排放、中东局势等具有共同利益的安全议题上，双方同意进行对话、协商与合作，推动新型大国关系建设取得实质性进展，积极互动，使双边关系出现新的格局，预计在未来习近平主席访问美国期间，双方将会在经济、安全、地区与全球事务等领域达成新的合作共识，向世界表明，中美之间有能力管控分歧，让合作具备实质性的内容。

（二）中俄安全合作

2014年中俄全面战略协作伙伴关系深入推进，安全领域合作取得丰硕成果。中俄两国在安全领域的合作有两个鲜明的特点：一是安全合作领域广泛；二是安全合作机制化水平提高。"高水平和特殊性"是对当前中俄战略合作（包括安全合作）恰当和贴切的表述。

中俄安全合作既涵盖了军事技术、军事产品、联合军事演习等传统安全领域，也囊括了反恐、互联网安全及能源安全等非传统安全领域。在传统安全领域，就军事技术和军事产品方面的合作而言，中俄进入到"互补式"合作阶段，即中国不仅从俄罗斯进口军事技术和产品，也向俄罗斯出口大量军品，如无人机、微电子元器件等。双方还确定在对方境内互设3个导航卫星地面控制站，从而确保两国卫星定位导航的安全性。就举行联合军事演习而言，中俄成功举行了第三次"海上联合"演习、地中海演习。

在非传统安全领域，中俄在执法安全合作、共同打击"三股势力"方面成效显著。在互联网安全方面，中俄举行了第二轮信息安全问题磋商。在此次磋商中，双方确认将准备联合打击利用通信技术干涉国家内部事务、破坏国家主权、扰乱公共秩序和以其他恐怖主义活动和犯罪为目的的行为。在能源安全合作方面，中俄于2014年5月21日正式签署《中俄东线供气购销合同》，结束了始于2004年的中俄天然气"马拉松"式谈判。双方商定，从2018年起，俄罗斯开始通过中俄天然气管道东线向中国供气，输气量将逐年增长，最终达到每年380亿立方米，累计30年，总价值4000亿美元。

可以看出，中俄在安全领域的全方位合作对于双方而言都具有重大战略和现实意义。例如，军事、互联网及反恐方面的合作有利于维护双方的国家安全，而能源合作则保证了双方各自的战略或经济利益，实现了互利双赢。此外，中俄安全合作的亮点还在于，双方在"高水平和特殊性"的基础上进一步致力于将两国合作的机制化水平向前推进。2014年6月，中俄执法安全合作机制首次会议和中俄第十轮战略安全磋商在北京成功举行，这是中俄双方将安全合作进一步机制化的重要进展。一方面，中俄建立执法安全合作机制，是全面落实两国元首共识的重要步骤。另一方面，这种机制的构建也有利于两国执法安全和司法检察部门推动合作向更加便捷、高效、务实的方向发展，共同应对各类威胁与挑战，充实两国全面战略协作伙伴关系的内涵。

（三）中印安全合作

2014年，中国与印度之间的安全合作也取得了显著进展，双方在印度境内成功举行了陆上联合军事演习，标志着中印战略关系进入到一个新的发展阶段。具体而言，2014年的中印安全合作主要取得了以下三个方面的成就：

第一，经常化防务磋商机制。2014年2月，中印第六届防务与安全磋商在印度首都新德里举行，双方共同商定了一系列合作措施，包括于年内举行联合军演，强化海上安全合作，维护边境和平与安宁等。此外，双方还就其他合作事项达成一致，包括加强海军海上安全合作和各军种军官交流，以及在地区和平、反恐、人道主义救援以及灾难救援等方面增加交流。中印双方一致认为，维护边境和平是发展双边关系的重要基础，并决定双方都应朝这个方向继续采取适当措施。此外，双方还就一系列共同关切的地区和全球安全问题交换了意见，重点谈到了南亚、亚太地区和印度洋地区的安全形势。中印一致认为，加强战略磋商和交流有助于双方在地区安全议题上的相互理解与合作。

第二，两国领导人互访，双方在安全合作方面达成了一系列新的重要共识，包括加强中印两军关系，保持两国防务部门和两军领导人定期互访，拓展各领域务实合作；举行联合训练，开展海、空军联合演练，加强在维和、反恐、护航、海上安全、人道主义救援减灾、人员培训、智库交流等方面的合作；举行海上合作对话，就海洋事务、海上安全交换意见，议题包括反海盗、航行自由和两国海洋机构合作等。

第三，中印两军关系不断向前推进。2013年，中印两国恢复了中断长达五年的"手拉手"联合军事演习，2014年11月，这一演习以反恐为主题继续进行。在2014年10月举行的中印边境事务磋商和协调工作机制会议上，双方还决定在两军总部之间建立热线电话，在两军总部、相邻军区和边防部队之间建立定期会晤机制，在两国边境地区增设边防会晤点，以及在双方一线边防部队之间建立电信联络等。毫无疑问，这些共识的取得充分体现了双方合作处理分歧、维护边境稳定的强烈意愿和积极态度。

中印安全信任需要一步步改善，并且以实际的行动一点点铺垫。但也要看到，在安全战略上，不信任的基础还很强，因此，进一步推进战略对话，增加战略性协作，改进战略信任环境很有必要。

（四）参与和推动区域多边安全合作

2014年，中国除了与周边主要大国开展了卓有成效的安全合作外，还积极参与了一系列区域多边安全合作，并在其中发挥了重要作用，为增进相互了解与信任、塑造有利的外部战略环境贡献了重要力量。

第一，以中国利用亚信峰会大力推动亚洲安全观和新安全机制建设。在亚洲相互协作与信任措施会议第四次峰会上，习近平发表了主旨演讲，指出，亚洲国家要加强对话协作、创新安全观念、推动亚洲安全机制建设。"应该积极倡导共同、综合、合作、可持续的亚洲安全观，创新安全理念，搭建地区安全与合作新架构，努力走出一条共建、共享、共赢的亚洲安全之路。"亚洲安全观的提出引起了亚洲各国的普遍关注。亚洲安全观在规范意涵上超越了当前既有的区域多边安全机制，将亚洲作为一个整体覆盖进去，具有重要意义。近年来，亚洲地区传统安全与非传统安全挑战相互交织，安全局势持续动荡，面临的挑战纷繁复杂。因此，亚洲安全观的提出有利于各国在相互包容中共处，在相互合作中发展，以实现互利共赢，最终维护亚洲的和平与稳定。

第二，中国深入参与各类次区域多边安全合作机制（如上海合作组织、东盟地区论坛等）。上海合作组织的发展成效显著，提升了影响力和吸引力，更多的国家愿意参与，为打造新安全合作机制提供经验。上海合作组织的安全合作注重深化反恐合作的水平，比如，中国推动在上海合作组织框架内构建成员国反恐部门在加强情报交流、行动协调和联合行动上的合作机制。还在地区安全问题上，如新形势下的阿富汗国内安全局势等进行协商，发挥积极的参与作用，维护阿国内和地区的安全秩序。在非传统安全问题突出的形势下，中国在东盟地区论坛框架下推动非传统安全领域合作，主办相关合作项目。比如，中国推动与东盟签署《灾害管理合作安排谅解备忘录》，与马来西亚联合举办东盟地区论坛框架下的救灾演习，与印尼合作举办东盟地区论坛海上航道安全研讨会。此外，中方还积极同地区国家共同维护海上航道安全，自 2008 年底以来共派出 18 批舰船赴亚丁湾、索马里海域执行护航任务。

第三，中国积极参与了一系列地区多边联合军事演习，与以往相比，无论是中国军方组织的演训还是中外军队联演的次数都大幅提升。2014 年参加中外联演联训的解放军部队涉及陆海空各军种，内容涵盖海上作战、空中作战、特种作战、反恐、反海盗以及人道主义救援减灾等传统和非传统安全领域。中外联演联训科目从非传统安全领域向传统安全领域拓展，更贴近实战化。联合作战指挥人才是筹划、指挥、协调诸军兵种和各战场空间力量实施一体化联合作战的专门人才，是实施联合作战指挥的核心主体。中国积极推动联合作战指挥人才专业化培养，仅2014年，中国人民解放军就参加了31场双边及多边联合军演活动，除前文提到的"环太平洋—2014"多边联合演习和"手拉手—2014"中印陆军反恐联合训练外，还包括"和平使命—2014"上合组织联合反恐军演、中巴空军联合训练、"金色眼镜蛇"多边联合演习、中国—马来西亚军队联合桌面推演、中国—坦桑尼亚海军陆战队联合训练等。在中外联演联训行动中，中国与俄罗斯保持了积极互动。除中俄"海上联合2014"军演外，解放军还派部队赴俄罗斯参加了"坦克两项"和"航空飞镖"国际军事竞赛。2014年12月中旬，中国海军第18批护航舰艇编队的"运城"舰、"巢湖"舰与美国海军"斯特莱特"号导弹驱逐舰，在亚丁湾海域就中美《海上意外相遇规则》的运用进行了演练，这是中美两国海军首次举行此类联合演练。

四

从中国周边安全形势的发展趋势来看，2015年是充满挑战的一年，也是更有作为的一年。

首先，中国同周边主要大国关系总体趋稳。就中美关系而言，管控分歧、防止冲突已经成为双方的共识。双方都认识到，维护双边关系大局的稳定有助于缓解亚太地区复杂的安全困境。在非传统安全领域开展合作的必要性和重要性凸显，因此，推动协商合作的意愿和动力继续存在。当然，中美关系中的矛盾和分歧突出，难以得到根本性解决，在钓鱼岛和南海问题上，在地区力量介入上的角力和博弈，有时会激化，言辞也可能会更加激烈。台湾政局变化也可能会为中美关系带来新的变数。习近平主席访美有助于两国在重大问题上加强沟通和理解，但美国大选会为中美关系增添新的变数，中国问题会被提到不适当的位置，进而恶化两国关系的气氛，值得给予高度重视。

就中俄关系而言，由于两国全面战略协作伙伴关系已经渐趋成熟，2015年的双边关系有望继续保持高开高走的态势。中俄不仅在经济、安全、能源等多个领域存在巨大的合作潜力，而且在诸多国际问题上的协调空间也十分广阔。在西方对俄制裁不放松的情况下，中俄战略合作对于俄罗斯而言有着特殊的重要性。借力2015年举行的纪念世界反法西斯战争胜利70周年相关活动，两国在安全方面的合作内容有望扩大，水平有望进一步提升。

就中日关系而言，由于战略性博弈与钓鱼岛争端将是一个长期的过程，因此，中日关系难有大的转变，但是，避免发生大的冲突，这是日本对华关系的战略底线，因此，存在对话、缓和与适度改善关系的空间。在中美关系保持大局稳定的情况下，中日关系失控的风险减少，建立钓鱼岛争端常态化下的技术性协调，寻求预防突发事件和管控危机的协商机制，符合中日双方的利益，同时，也应创造条件激活中日韩峰会，以三边促双边，用中韩关系的进展促使日本调整对华政策。

其次，中国周边的安全热点问题仍有升温的可能，特别是"两海"问题，将继续成为关注点。个别国家如菲律宾等的挑衅行为短期内不会有大改变，美国的参与也不会收敛，但是，也存在不让热点升温的内在利益需求。

值得注意的是，鉴于菲律宾已经向国际仲裁法院提交了所谓"南海问题仲裁案"，如果仲裁法庭在2015年作出具有管辖权的相关裁决，将会给中菲关系带来新的冲击，对此中方应提前作出扭转被动局面的预案。由于中国塑造周边环境能力的提升，对于美国亚太再平衡战略的"两面性"（战略遏制与战略接触）也有所提升，中国应该有自信，让风险处于可控范围内。

再则，恐怖主义威胁和互联网安全等非传统安全问题仍将处在高风险期，需要各方加强协调与合作。要推动中美、中俄等国先前达成的关于在非传统安全领域内进行合作的共识逐步落实，此类合作较少受到传统安全问题上国家间分歧的干扰，较容易取得成效。同时，中国应需要继续通过各类多边国际机制（尤其是上海合作组织等）提升合作应对非传统安全威胁的水平。

总之，周边地区的稳定、和平与繁荣同中国的发展以及总体安全环境构建紧密相连、不可分割，在中国向世界强国不断迈进的历史进程中，营造好周边环境，构建基于合作的新安全结构和秩序具有特别重要的意义。

只有切实将周边是首要、是基础的对外战略布局落到实处，周边地区才可能成为中国崛起的战略依托地带。为此，必须扎实落实、稳步推进"一带一路"战略，稳步推进，让基于合作共赢理念的"命运共同体"建设取得看得见、摸得着的成效。

亚洲新安全体系的构建开了一个好头，接下来需要下更大的功夫增进周边国家对亚洲安全观和构建新型安全合作机制的理解与认同，务实、有序地推进周边地区安全合作机制的建设。在南海问题上，应着力推进中国与东盟整体的合作，以建设"21世纪海上丝绸之路"为契机，务实构建南海协商与合作机制，坚持"双轨思路"，加快"南海行为准则"（COC）谈判，在稳定大局和发展合作上取得新进展，为南海争端降温。

中美新型大国关系的构建具有很大的扩散效应，有助于地区安全热点问题的"降温"。从这个意义上来说，中美关系的演进是中国周边安全形势走向的重要影响因素与风向标。因此，应将中美新型大国关系的构建同周边安全合作机制的构建联系起来。中国领导人访美是推动两国关系正向发展的重要因素，除经济合作（如双边投资协议，BIT）取得新进展外，有必要采取更有进取性的措施，力争在双边和地区安全合作，特别是在军事合作上，取得新进展。

　　从中国自身的角度来看，在应对各类传统及非传统安全挑战的过程中，需要高水平的顶层设计、更有效的政策协调、更高的决策效率和运作能力。特别是对于周边安全环境和秩序的构建应给予更大的关注和投入，以便为继续用好中国发展的战略机遇期，为实现"两个一百年"的奋斗目标创造稳定、和平与合作的周边环境。

张蕴岭，男，第十、十一、十二届全国政协委员，现任中国社会科学院学部委员、国际研究学部主任、地区安全研究中心主任，研究员，博士生导师。1992年被评为国家有突出贡献的专家。长期从事国际问题研究，曾担任中国社会科学院欧洲研究所副所长、日本研究所所长、亚太研究所所长，东亚展望小组成员，中国－东盟合作专家组成员，东亚自贸区联合专家组组长，东亚紧密经济伙伴专家组成员，美国哈佛大学、约翰霍普金斯大学访问学者，美国麻省理工学院、日本中央大学、新加坡南洋理工大学等特聘客座教授。

主要著作：《在理想与现实之间：我对东亚合作的研究、参与和思考》《世界经济中的相互依赖关系》《寻求中国与世界的良性互动》《构建开放合作的国际环境》等。主要论文：《中国周边地区局势和中日关系》《东北亚格局的新历史重构与美国》《亚太经济一体化与合作进程解析》《如何认识和理解东盟——包容性原则与东盟成功的经验》《中国的周边区域观回归与新秩序构建》等。

任晶晶，男，外交学博士，中国社会科学院当代中国研究所副研究员，中国社会科学院地区安全研究中心副秘书长，国家行政学院国际事务与中国外交研究中心、国际关系学院中国与国际关系研究中心特约研究员。毕业于中国人民大学国际关系学院外交学专业，获博士学位。主要从事中国对外政策、国际战略、周边安全等领域的研究工作。近10年来，先后发表学术论文、理论文章、国际问题评论等二百余篇，承担或参与多项研究课题，多次荣获省部级以上优秀科研成果奖。曾赴澳大利亚、新西兰、韩国、香港等国家和地区开展学术研究工作。

合著：《当代世界政治与经济》《中华人民共和国外交史》《中华人民共和国史编年》《中华人民共和国国情词典》《国家智慧：新中国外交风云档案》等。主要论文：《新地区主义视角下的中国东亚区域合作外交》《中国周边安全环境：新动向与新特点》《20世纪90年代中期以来中国新安全观的理论与实践》《新世纪以来中国推动国际关系民主化的理论与实践》《"一带一路"背景下中国经济外交的战略转型》等。